por Babs Bell Hajdusiewicz
ilustrado por Mercedes McDonald

Scott Foresman

Oficinas editoriales: Glenview, Illinois • New York, New York
Ventas: Reading, Massachusetts • Duluth, Georgia
Glenview, Illinois • Carrollton, Texas • Menlo Park, California

Annie compró unas plantas pequeñas para ponerlas al lado de la cama.

—Estas plantitas quedan perfectas aquí. Me ponen de buen humor —dijo Annie.

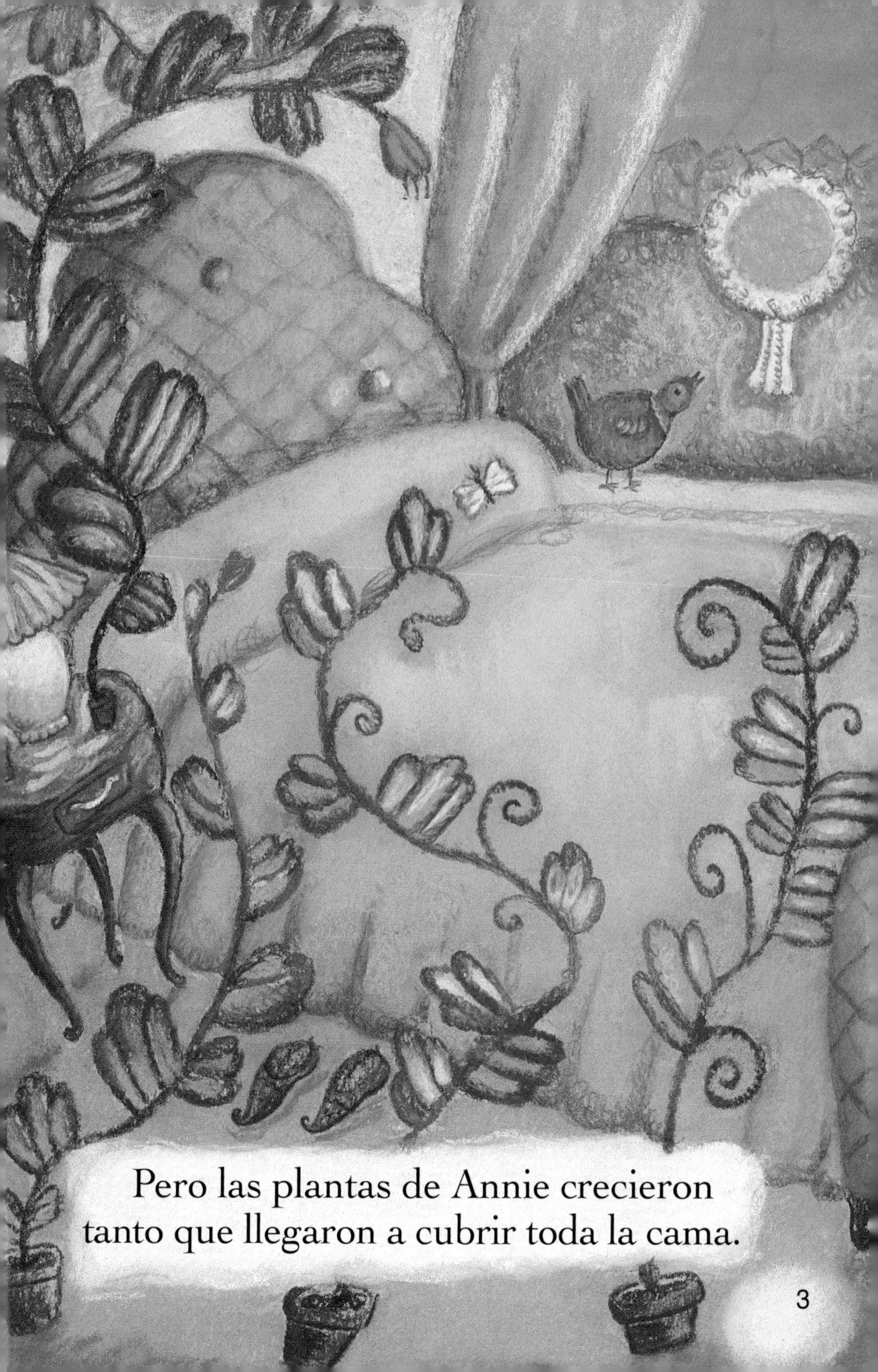

Pero las plantas de Annie crecieron tanto que llegaron a cubrir toda la cama.

Annie no podía dormir por la noche. Las plantas le hacían cosquillas en la cabeza.

Pero Annie no lloró. No quería suplicar. Sacó las plantas al patio y corrió a la tienda.

—Necesito plantas pequeñas —dijo Annie. Y se llevó cuatro.

Puso dos plantas en el piso y dos al lado de la cama.

—Estas plantitas quedan perfectas aquí. Me ponen de buen humor —dijo.

Pero las plantas de Annie crecieron tanto que llegaron a cubrir toda la cama. Y Annie tuvo un mal sueño. Las plantas le hacían cosquillas en la cabeza.

Pero Annie no lloró, ni suplicó. Sacó las plantas al patio y corrió a la tienda.

—Quiero unas plantas pequeñas —dijo—. Necesito comprar más.

Annie compró más plantas pequeñas para ponerlas al lado de la cama.

Pero todas crecían igual que las demás y le hacían cosquillas en la cabeza.

—Necesito algunas plantas pequeñas —dijo—, para poner al lado de la cama, pero cada planta pequeña que compro se hace grande y muy alta.

Annie compró más plantas pequeñas para poner al lado de la cama. Pero antes de ir a casa, Annie pasó por la tienda de deportes.

Tomó las plantas y sin perder tiempo se fue a casa. Puso las plantas al lado de la cama.

—Estas plantitas quedan perfectas aquí. Me ponen de buen humor —dijo.

Cuando las plantas de Annie se hicieron grandes y altas, y empezaron a cubrir toda la cama,

no pudieron hacerle cosquillas en la cabeza porque tenía puesto un casco. ¡Shhhh! ¡Annie está dormida!